십자가, 너는 지금까지 어떻게 알고 있었니?

글 차성진 · 그림 이단비

KB220905

아바서원

덕정의 아이들에게
맘 깊이 감사를 표하며

추천사

'딱딱하다'라는 신앙의 선입견을 예쁘게 만져 부드럽게 바꿔주는 책. 나보다 나를 잘 아시는 예수님처럼 나의 눈높이에 맞춘 친절한 책. 굳어 버린 이 시대에 천천히, 우연히, 그렇게 자연스레 선한 영향력을 흘려주는 책.

김상진 • 유튜브 채널 '이십세 상진' 운영자

전 권 이상으로 후속작인 이 책도 추천할 만하다. 1권이 세상에 대한 기독교의 진단이었다면 이 책은 기독교의 처방에 해당된다. 죄와 공허에 빠진 우리를 위해 하나님은 무엇을 하셨는가? 어려운 질문에도 저자는 쉬운 언어와 귀여운 캐릭터로 답한다. 만약 기독교인이 무엇을 믿는지 알고 싶다면 먼저 이 책을 읽어 보라. 다른 이에게 복음을 전하려는 분들에게도 강력 추천한다.

오성민 • On the road to Damascus 대표

책을 읽어 내려가면서 시종일관 가슴이 뛰고 눈이 번쩍 뜨인다. 귀여운 그림체가 마음을 열게 하고 복음의 진수가 튀어나와 카운터블로를 날린다. 저자의 표현은 간단하고 명료하지만 오랜 시간 한 영혼을 붙들고 울었던 시간이 고스란히 담겨 있어서 읽는 이들의 마음을 흔든다. 복음의 본질을 어떻게 전달할지에 대한 고민을 멈추지 않고 의연하게 걸어가는 저자의 길에 찬사를 보내며 이 책을 강력히 추천한다.

우성균 • 행신침례교회 부목사

여기 아름다운 이야기가 있다. 구세주의 사랑 이야기다. 그 이야기는 언제나 나를 놀라게 한다. 믿기지 않는데 믿겨져서 놀랍고, 익숙한데 늘 새로워서 더욱 놀랍다. 구세주의 사랑 이야기는 아름답고 사랑스럽게 우리에게 전해졌으며, 우리 또한 그렇게 전해야 한다. 세상에서 가장 감미로운 예수님이 어떠한 분이시고 무엇을 하셨는지에 대한 이야기이기 때문이다. 저자는 예수님이 내게 다가오신 것처럼 가르치려고 하지 않으면서도 설득력 있는 글과 그림으로 독자들에게 다가선다. 이 책은 잘 숙성된 포도주 한 잔을 시음한 기분이다. 세상에서 가장 감미로운 분의 아름다움을 이 책을 통해 다시금 맛보고 즐기며 느낄 수 있기 때문이다. 허나 화장실에서만 읽기에는 너무나 감미로운 책이다.

이동준 • 푸른나무교회 담임목사

시대가 변함에 따라 편히 볼 수 있는 SNS가 우리 삶에 깊숙이 들어오게 되었다. 페이스북, 트위터, 인스타그램, 유튜브와 같은 매체들은 우리에게 끊임없이 흥미롭고 가벼운 이야기들을 들려준다. 그래서 사람들은 소화하기 어려운 깊고 무거운 것보다 점점 얕고 가벼운 이야기들을 소비하려 한다. 자연스럽게 인간의 삶과 죽음, 그 이후에 대한 깊이 있는 고민과 성찰의 시간은 자연스레 줄어들었다. 그러나 이 책은 깊고 무거운 것과 얕고 가벼운 것 사이의 간극을 잘 메꾼다. 재치 있는 글과 귀여운 그림으로 우리 곁에 다가와 삶의 이야기를 나누며 흥미를 불러일으키지만, 그것으로 끝내지 않고 인생의 깊은 이야기들을 꺼낼 수 있게 해 준다. 결국 우리에게 궁극적으로 필요한 것, 곧 복음의 필요성을 깨닫게 해 주는 책으로 신자와 비신자 모두에게 이 책을 통해 따뜻한 위로와 강력한 결단을 맺게 해 줄 것이다.

최진헌 • 전도사, 유튜브 채널 '헌이의 일상' 운영자

1부

집에 오면
가방은 바닥에 던지고 몸은 소파에 던진다.
그리고 내쉬는 한숨과 함께
한껏 올리고 다녔던 광대도 땅바닥까지 내려본다.

집 현관문을 연 것만으로도
이토록 마음이 편안해지는 이유는 뭘까?
단순히 내 집이라서?
아니 사실은 집주인은 따로 있는걸.

집은, 외출하는 순간부터
내 얼굴을 덮었던 가면을
내려놓을 수 있는 유일한 곳이기 때문이다.

우리는 사랑 받기 위해서 늘 가면을 쓴다.
내가 얼마나 용납받지 못할 인간인지 알기에.

내 내면을 솔직히 바라볼수록
그 가면은 더욱더 두꺼워져 간다.

사랑받고 싶다는 마음이 간절할수록
양손으로 가면을 더 꾹 눌러 얼굴에 밀착시킨다.

결국, 우리는 남을 잘 속일수록 사랑받는
불쌍한 생물들이다.

사랑에 대한
유명한 격언이 있지.

"사랑은 있는 그대로를
사랑하는 것이다."

그러니까
사람에 대한 사랑을
예로 들었을 때,

외모, 능력, 소유, 성격 같은
'**가치**'를 사랑하는 것이 아니라

그것에 상관없이
'있는 그대로'를 사랑하는 것,
이게 진짜 사랑이라는 거지.

그런데...

그런 사랑이 가능한가?

우리도 '**가치**'를 보고
무언가를 사랑하니까.

연인을 찾을 때도
마찬가지고

친구를 사귈 때도 그렇고

심지어 동물도
예쁘고 귀여운 친구들이
사랑받지.

사랑 중에 최고라는
부모님의 사랑조차도

때로는 자녀의 가치에 따라
흔들리는 경우도 많지.

그래, 맞아.
있는 그대로를 사랑하는 것이
좋은 건 알겠지만

사실 그런 사랑은
불가능에 가까운 것 같아.

사람들은 결국 가치에 따라서
누군가를 사랑하지.

그러면

나는 과연
사랑받을 수 있는
존재일까?

내 머리 주변을 몰래 맴도는
카메라가 있다고 생각해 보자.

이 카메라는
우리의 24시간을 촬영하고

심지어 우리가 하는 생각도
기록해 놓지.

09:30
김 부장이
정수기 앞에서
넘어졌으면 좋겠다.
14:25
아우, 저 여시같은 애는
하는 거 없이 미워,
지가 그렇게 잘났어?
18:17
엄머... 몸매 봐, 이야스...
어머, 세상에...

자, 너는 이 카메라를
누군가에게 보여줄 수 있겠니?

친구? 가족? 연인? 동료?

혹은 나를 다 이해하시는
부모님???

절대 보여줄 수 없을 거야.

나는 내가 얼마나 나쁜지
스스로 너무 잘 알고 있거든.

겉으로는 문제없는 척,
좋은 사람인 척 살고 있지만

내 안에는 나만 알고 있는
악한 마음이 정말 많으니까.

**진짜 내 모습을 안다면
나를 사랑할 사람은 많지 않을 거야.**

그래서 우리는
오늘도 **가면을 쓰지.**

음란하지 않은 척,
분노하지 않은 척,
욕심나지 않는 척,
질투 나지 않는 척,
죽이고 싶지 않은 척...

'사랑받을 만한 가치'를
가짜로라도 만들어야 하니까.

그렇게 **진짜 나**를
꼭꼭 숨기면서 살아가지!

그런데, 그렇게 살다 보니

문득...
'진짜 나'에
대한 두려움이
몰려올 때가 있어.

진짜 나를 들키면 어떡하지

내가 사랑하는 사람이 내 진짜 모습을
알게 된다면 어떤 반응일까 ??

내 더러움이

모두 내가 이런걸
알게 되면
실망할

들키는 일은 없을까?

거야

난 도대체
언제까지 사랑하는
사람들을 속여야만 하지?

한 순간의

실수로

정 대 후 내 더러움이

나는...

과연
사랑을 받아도 되는
존재인가?

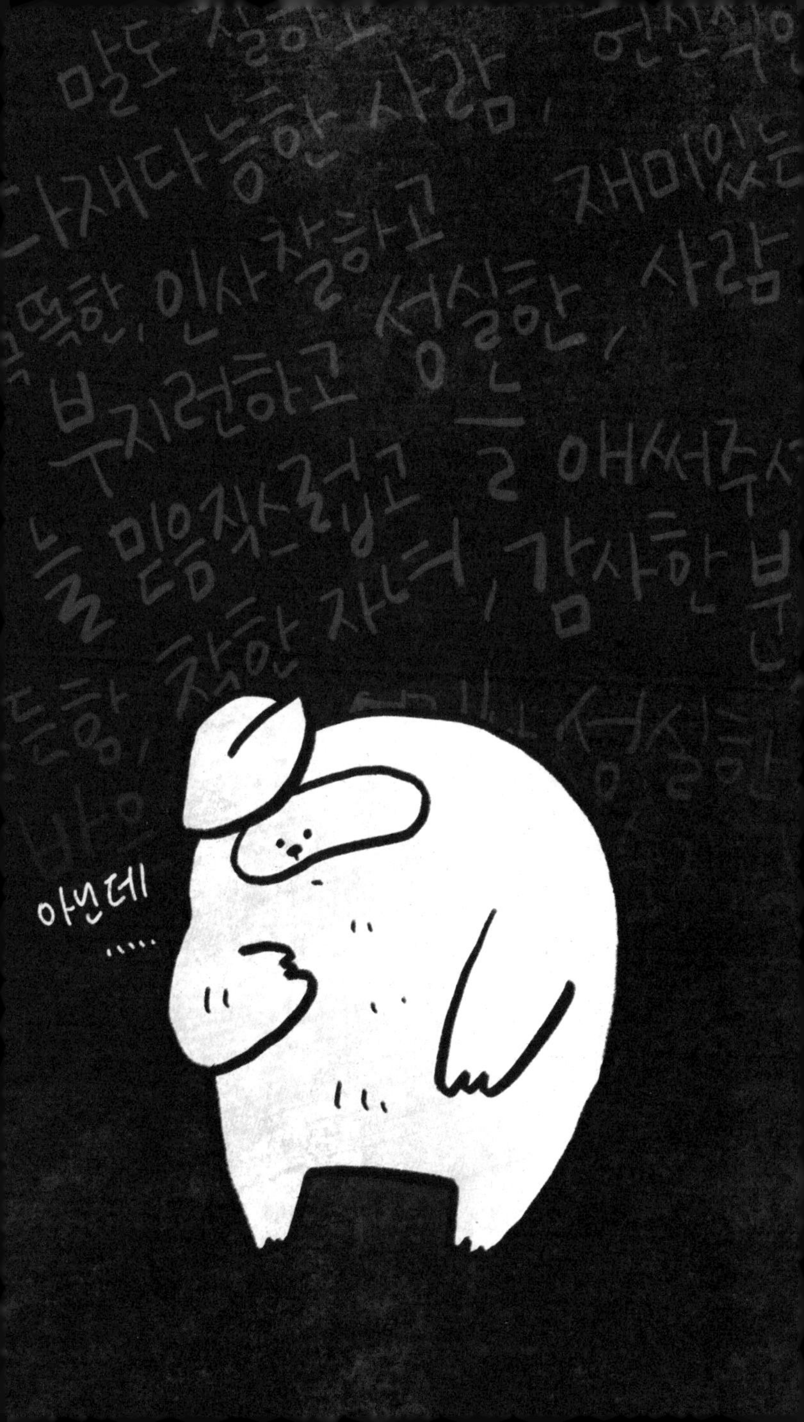
다재다능한 사람,
인사잘하고
재미있는
성실한, 사람
부지런하고
믿음직스럽고
착한 자녀, 감사한
아닌데
.....

문득 두려움과 공허가
밀려오는 것 같아.

그런데, 있잖아.

'있는 그대로'의 사랑을 가진
누군가의 이야기를
들려주고 싶어.

감추고 싶은 우리의 모습을
나보다 더 잘 알고 있으면서도

우리를 '있는 그대로' 사랑한
그분의 이야기를.

소그룹 나눔 질문

• '있는 그대로'의 사랑이 정말로 가능할까?

_____

_____

• 내가 쓰는 가면들은 어떤 것이 있을까?

_____

_____

• 내가 가장 감추고 싶은 나의 모습은 어떤 것들일까?

_____

_____

2부

인간의 악함은
어떤 방식으로도 쉽게 설명되지 않는다.

세상의 자원이 한정적이기에
그것을 놓고 경쟁하다 보니
어쩔 수 없이 악이 태어났다고 하는데,

인간은 배가 불러도 악을 행하고
어떤 악은 자기를 위험하게 만들 걸 알면서도
서슴지 않고 행할 때가 많다.

이 설명하기 어려운 악함은
어쩌다가 우리 마음속에 들어왔을까?

어쩌면 이 설명하기 어려운 악함의 원인을
찾고 찾고 찾다 보면

태초에 우리에게 일어났던 일들을
알 수 있게 되지 않을까?

우리는 어떤 존재들일까?
어떻게 만들어졌고,
어떤 선택을 한 존재들일까?

2000년 전
'골고다'라는 곳에서

한 남자가 **십자가형**을 선고받고
죽음을 맞이했어.

근데 이 십자가형이란 게
참 끔찍해.

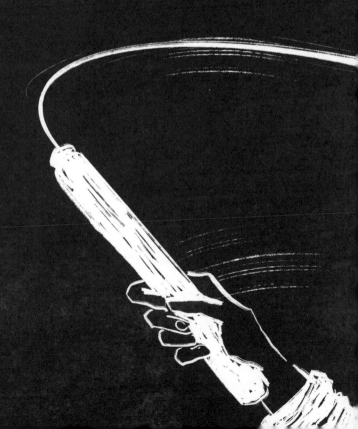

우선 십자가에 달리기 전에
죄인을 채찍으로 내려치는데

그 채찍 끝에는
뼈로 만든 갈고리와
쇳조각들이 달려 있어.

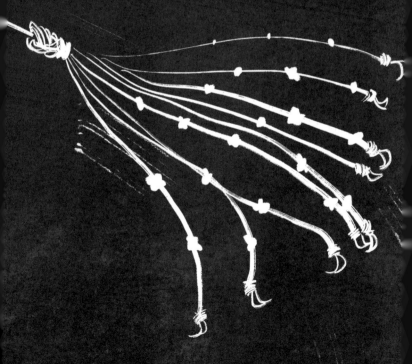

그래서 채찍을 휘두른다기보다
'꽂고' '뜯어내다'를 반복했겠지.

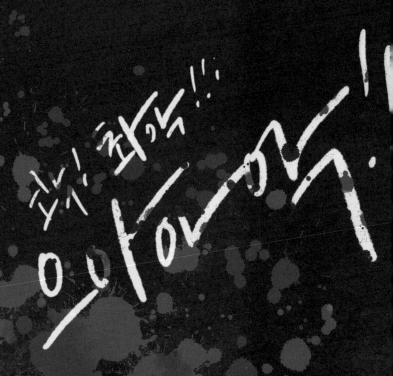

채찍질 때문에 이미
시체에 가까워진 사람을
이제 십자가에 매다는데

양 손목과 발꿈치에 못을 박아서
나무에 몸을 고정시켰어.

그 상태로 높이 매달아
죽을 때까지 내버려 두지.

이때 아래로 쏠리는
몸의 무게 때문에
어깨는 탈골되고

장기가 짓눌려
정상적인 호흡이 어렵지.

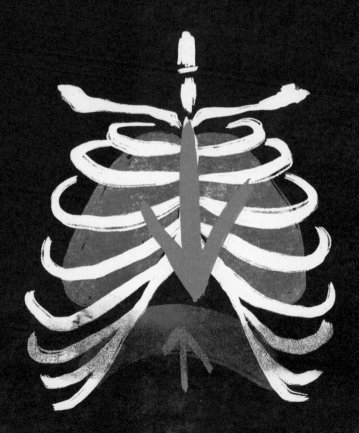

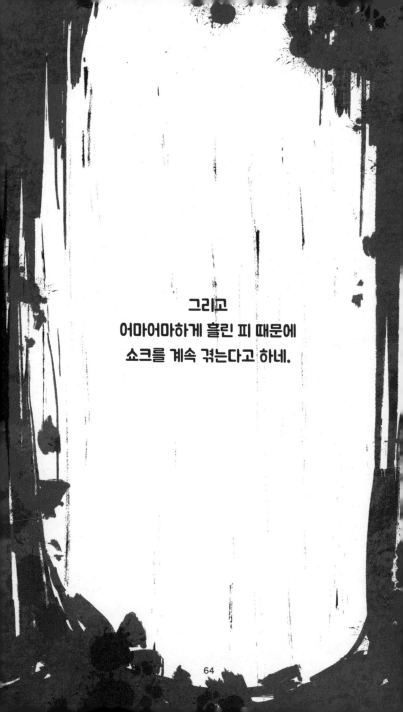

그리고
어마어마하게 흘린 피 때문에
쇼크를 계속 겪는다고 하네.

그리고 그 상태에서
아주 천천히 천천히
죽음을 맞이하지.

죽을 때까지, 1000번 정도
기절을 반복한다고 하니
그 고통의 크기는 짐작도 어렵지.

도대체 이 남자는 **누구일까?**

왜 이런 죽음을
당했던 걸까?

그 남자는 자신을
'예수'라고 소개했어.

그리고 자신이
'신의 아들'이라고 말했지.

하나님의 아들 예수 그리스도에 대한
기쁜 소식의 시작이다.
(마가복음 1장 1절)

그 신의 아들이
이 땅에 내려온 목적은
단 하나였어.

우리 삶에 있는
'죄'와 **'사망'**의 문제를
해결하는 것!

예수, 그리고
우리의 '죄와 사망'
이 모든 것은 어떤 관계일까?

우리의 마음은 절대적으로
악을 향해 있다는 걸
지난 책에서 보았지?

나는 그 사실을
아이들을 통해서도
확인할 수 있다고 봐.

아 응애예요,

양보, 배려, 돌봄 같은 일은
하나하나 가르쳐야 하는데

미움, 욕심, 괴롭힘은
가르치지 않아도 자연스레 나오지.

우리도 마찬가지 아니겠어?
사랑엔 노력이 필요하지만,
증오는 자연스러운 것처럼.

어쩌다 우리는
이런 태생적인 악함을
가지게 되었을까?

궁시렁 궁시렁   궁시렁

이것은 바로
선택의 결과였어.

하나님은 사랑의 대상으로
인간을 만들었고

선택의 자유가 없는 사랑은
사랑이 아니기에

그들에게 **자유**도 선물하셨지.

그런데, 그 자유로
사람이 선택한 것은

그 신의 자리마저 노리는
추악함이었어.

그것을 계기로 우리는
우리가 선택한 죄 가운데
살아가게 되었지.

그리고 동시에 우리는
이 죄의 결과물을 떠안게 되었어.

그건 바로
죽음이야.

그런데, 이 죽음은
단순히 이 세상을 떠나는 것으로
끝나지 않아

'선'의 근거인 하나님을
거부했기 때문에

이 세상을 떠난 이후,
우리의 바람대로, '선'이 흔적조차
없는 곳으로 가야만 하지

그래, 우리는 살아서도 죽어서도
'죄와 사망' 때문에
허덕이며 살아야 돼.

그냥 인간의 잘못을
없던 거로 할 순 없을까?

그럴 순 없어.
죄를 묵인한다면
그건 또 다른 죄를 낳는 거니까.

그래서 사람들은 자신의 **선택**에 대한
대가를 반드시 치러야만 했지.

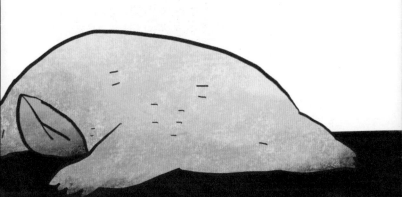

이 가슴 아픈 상황을
벗어날 방법은 없었을까?

딱 하나,
방법이 있었어.

소그룹 나눔 질문

• 내 안에 내가 어찌할 수 없는 악한 마음이 있다는 말을
  어떻게 생각하는가?

_____

_____

• 이천 년 전의 사건인 십자가에 대한 솔직한 생각을 말해보자.

_____

_____

• 정말 나와 관련이 있는 일이라고 생각되는가?

_____

_____

3부

.

내가 예수가 한 일에 대해서 알게 되었을 때
내 안에 가장 크게 떠오른 외침은 '왜?'였다.
도대체 왜?

신의 아들이 그럴 필요가 뭐가 있지?
너무 손해 보는 장사 아닌가?
왜 남의 잘못을 본인이 해결하려 한 거지?

그 어느 것 하나 이해되는 것이 없었다.
아무리 생각해봐도
예수가 그렇게 행동해야 할 이유가 없었다.

그런데, 가만 생각해보니
내가 이런 사랑을 경험한 적이 없기 때문인 듯하다.

나는 대가 없이, 있는 그대로
누군가를 사랑해본 적도,
내가 그렇게 사랑받아 본 적도 없었기 때문에
그 말도 안 되는 사랑을
납득하기 어려웠던 것 같다.

그래서 성경은 이 사랑을
'은혜'라고 설명한다.
은혜는 '자격 없는 자에게 주어진 것'을 뜻한다.

동네에 아주 사나운 개
한 마리가 매여 있었어.

형과 동생이 길을 가다가
장난기가 발동한 동생이
개에게 장난을 쳤지.

그러다 동생이
맹견의 뼈다귀를 훔친 순간

맹견의 줄이
풀리고 말았어.

맹견은 형제를
격렬하게 쫓았어.

그러자

형이 뼈를 빼앗아
반대 방향으로 뛰기 시작했어.

맹견은 형을 격렬하게 쫓아가

형을 사정 없이 물어 뜯었어.

이게 바로
신과 그의 아들이
선택한 방법이었어.

인간이 지은 죄를
처벌할 수밖에 없다면

그 죄를
신의 아들에게 옮긴 뒤,

그 신의 아들 예수가
처벌을 대신 받는 거였지.

그런데 그 죗값은
절대 간단하지 않았어.

그래서 예수는
인간이 받을 수 있는
가장 끔찍한 고통을 받았던 거야.

그렇게
우리의 죄에 대한 값이
대신 지불되었고

드디어 우리는
죄인이라는 신분을
벗어나게 되었어.

예수는 그 사실을
증명하기 위해

죽은 지 3일 만에
부활한 몸으로 나타나서

'사망'이 극복되었음을
우리에게 알려줬어.

그래서 우리는
여전히 약하지만

용납받지 못할 거라는
두려움이 사라지게 되었고

여전히 육체적 죽음이
우리를 기다리고 있지만

예수의 부활처럼
그 죽음이 끝이 아님을 알기에
두려움을 덜 수 있게 되었지.

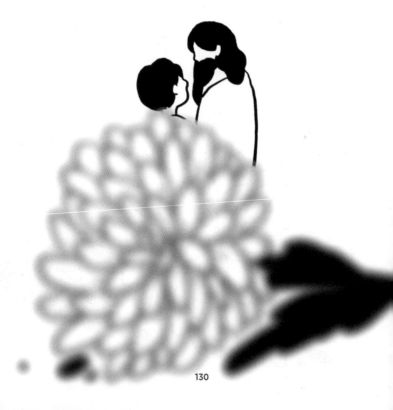

소그룹 나눔 질문

• '나는 내 악함으로 인해 처벌받지 않는다'는 사실이 나에겐 어떤
  의미가 있을까?

_____

_____

• '나는 소멸하는 존재가 아니라 예수와 함께 부활하는 존재가
  되었다'는 사실이 나에겐 어떤 의미가 있을까?

_____

_____

• 예수님이 이 땅에 오신 이유와 십자가에 매달릴 때까지 겪으셨을
  신체적, 심리적 고통에 대해 함께 나눠보자.

_____

_____

4부

"엄마다! 얘, 방금 큰일이 났었어!"

"왜요?"

"내가 떨어뜨린 핸드폰을 줍다가 차에 치일뻔했지 뭐니?"

"정말요? 사고 안 났어요?"

"엄마는 안 났는데, 글쎄 어떤 청년이 엄마를 도우려다가
대신 사고가 나버렸어!"

"정말요? 그 사람, 많이 다쳤어요?"

이런 연락을 받는다면,
우리는 만사를 제쳐놓고 그 사람이 입원한 병원으로 달려갈 것이다.
정말 감사하고, 정말 고마우니까.

병원에 입원해 있는 그 청년을 만나게 된다면
달려가서 손을 붙잡고 물을 것이다.

"괜찮으세요?"

"아, 네… 좀 다치긴 했는데, 괜찮습니다."

"정말 정말 감사합니다. 무슨 말을 드려야 할지 모르겠어요."

"아닙니다. 마땅히 할 일인데요."

"제가 무엇을 해드리면 좋을까요? 원하시는 거 말 만하세요!"

그리고 나는 그 입에서 나오는 말을
내 온 집중을 다 해 기다릴 것이다.
그리고 무슨 말이 나오든지
그 말을 위해 내 삶을 던질 것이다.

정말 감사하고,
정말 고마우니까.

예수는 이 부활의 감격을
우리에게 선물해준 뒤

아주 중요한 당부를 하셨어.

"서로 사랑해라."

"너희가 얼마나 악한지
깨달았다면"

"그리고 내가 그 모든 것을
감당했음을 깨달았다면"

"내가 너희에게 했던 것처럼
서로 사랑해 주렴"

우리를 사랑한 하나님을
더욱 알아가고, 그 사랑 따라
이웃을 사랑하는 것.

이것이 예수님이
우리에게 선물한 하나님 나라야.

그동안 우리의 삶에서
나 자신도 모르는
행복을 찾아 헤매고

그 와중에 발견되는
내 죄 때문에 괴로워하고

모든 것을 앗아가는
죽음 앞에서
공포에 떨며 살았다면

예수가 선물한
하나님 나라 안에서는

내 삶에서 가장 큰 비참함이
사라졌다는 **기쁨**과

그 모든 것이 나에게
대가 없이 주어졌다는 **감사함** 때문에

그 은혜가 감사해서
나 또한 대가 없는
선을 베풀고

감사해요,
도와주신 은혜를
어떻게 갚아야할지

저한테
갚지 마시고
또 다른
사람들에게
흘려보내
주세요,

그 선을 베풀어 주신 분을
기뻐하며

나눔이
기쁨되게 하시니
감사합니다.

여전히 어둠 가운데 있는
사람들에게

이 기쁜 소식을 알리며
살아가게 되는 거지

이 분이 아주 가냥
사랑 맛집이여요

물론, 여전히 여러 가지
삶의 문제 속에 살고 있지만

그 문제 속에서 발견하는
하나님 나라의 흔적을 보고

다시금 힘을 내서
살아갈 수 있다는 것.

그리고 언젠가 우리에게 올
완전한 하나님 나라를
기대할 수 있다는 것,

그곳은 오히려
죄와 사망이
흔적조차
없겠지

이것이 바로
우리에게 주기 위해
당신의 피를 주고 산
예수님의 선물이야.

무엇보다 그 예수는
너보다 너의 어둠을
더 잘 알고 있고,